LA

QUESTION

DE

DIEU

———————✶———————

PARIS

IMPRIMERIE LOBERT & PERSON

259, Boulevard Voltaire

————

1888

Nous ne pouvons remonter au principe de rien.

La doctrine Positive ou la Philosophie des Sciences, point de jonction et lien harmonique des deux termes de la connaissance ou du double aspect du monde, l'abstrait et le concret, le subjectif et l'objectif, l'idée et le fait, en constituant la conception d'ensemble de l'ordre universel ou la synthèse définitive du savoir vainement poursuivie, d'après la systématisation indéfinie de chacun des deux principes exclusivement considéré par la spéculation métaphysique Spiritualiste et Matérialiste, détermine la mesure réelle des pouvoirs de l'esprit et assigne ses limites naturelles à l'entendement humain.

Le savoir est ce que l'homme peut saisir de ce qui existe ou la somme de réalité accessible et assimilable à l'esprit humain; et la science est le savoir organisé ou converti en lois.

La seule formule de l'absolu est la réduction scientifique en lois fixes.

Dieu est un fait mort non susceptible d'organisation.

———

C.

LA QUESTION DE DIEU

La question de Dieu, prétexte de tant de polémiques ardentes et de controverses inépuisables, est en réalité la plus oiseuse et la plus vide des questions.

Elle n'existe que parce qu'elle est mal posée.

Présentée dans ses vrais termes, elle se simplifie, se dissipe et finalement se réduit à néant.

Il appartenait à la science de poser la question de Dieu comme elle doit l'être et, sinon d'en donner la solution, ce qui est impossible, la question de Dieu étant insoluble, du moins de la décomposer en ses éléments irréductibles et de la ramener à sa plus simple expression, ce qui équivaut à la supprimer comme étant sans objet au même titre que la quadrature du cercle et le mouvement perpétuel.

La science est le seul fondement de la certitude ici-bas. En dehors d'elle tout est vain, chimérique, artificiel. Elle est l'unique critérium de la réalité parce qu'elle part exclusivement de faits vérifiés ou lois pour aboutir également à la vérification par les faits ; que les lois obtenues par elle sont tenues de rendre compte de tous les faits sans exception qui rentrent dans leur application et qu'un seul fait qui échappe à l'explication de la loi dont il dépend suffit pour infirmer cette loi et la faire rejeter dans la catégorie des hypothèses ; qu'en conséquence, les résultats acquis par la science imposent l'assentiment universel puisque la confirmation de chaque loi résulte incessamment des expériences renouvelées à chaque instant sur tous les points du globe.

La science se sert de la raison et de sa faculté la plus haute, l'abstraction, mais en maintenant la raison dans son rôle subordonné et dans sa fonction normale, c'est-à-dire en la prenant pour ce qu'elle est, un instrument plus délicat, plus parfait, qui met en mouvement tous les autres et qui est le grand ressort de l'activité humaine, mais fragile, faillible, sujet à erreur aussi bien que les organes des sens et ne pouvant en aucun cas atteindre à la vérité en dehors des méthodes d'observation positive et expérimentale.

Toutes les déductions de la raison qui s'affranchissent de cette discipline étroite et du contrôle rigoureux du fait sont suspectes à la science et répudiées inexorablement par elle comme un produit de la subjectivité pure substituant les combinaisons arbitraires de l'esprit à la recherche féconde du vrai.

Partant de ces principes, Dieu pour la science n'est et ne peut être qu'une hypothèse. Le point de vue de la science au regard de la question de Dieu se résume dans la réponse célèbre de l'astronome Laplace à Napoléon Ier qui lui demandait ce qu'il avait fait de Dieu dans son système : « Sire, je n'ai pas eu besoin de cette hypothèse. »

La science en effet s'est constituée tout entière en dehors de l'hypothèse de Dieu et de tout élément surnaturel. Dans toutes les manifestations du monde extérieur et intérieur, la science n'a jamais rencontré que des phénomènes naturels sans aucun mélange ni aucune trace de surnaturalisme, ce qui exclut du domaine de la réalité la révélation et toutes les systématisations théologiques et métaphysiques sur la phénoménalité suprasensible.

En résumé, la science n'affirme ni ne nie Dieu. Elle l'ignore, Dieu, s'il existe, étant incognoscible, c'est-à-dire hors de la portée de l'entendement humain.

Toute conclusion contraire est un pur sophisme. Toute prétention de la part de qui que ce soit à rien affirmer ou expliquer sur des questions inaccessibles à nos recherches est impertinente ou téméraire, la nature humaine n'ayant aucune possibilité

de sortir de son domaine et aucune individualité
quelconque sur terre n'ayant à sa disposition des
moyens d'information et des instruments de connaissance autres que ceux du reste des hommes et
dont se sert la science.

Aucun pouvoir religieux, à quelque culte qu'il se
rattache et de quelque dieu qu'il se réclame, sommé
de produire ses titres, n'a jamais pu fournir la
preuve de ses relations prétendues avec la divinité
ni justifier du mandat qui l'autorise à parler en son
nom.

La nature nous a donné six sens qui nous mettent
en communication avec les corps extérieurs et nous
font connaître leurs propriétés et un septième sens
qui nous transmet les sensations internes de la vie
organique musculaire et végétative; et c'est à l'aide
des matériaux accumulés par l'expérimentation sen-
sorielle que la science a pu construire le prodigieux
édifice de la civilisation moderne.

Mais, si richement dotés que nous soyons ainsi,
la nature nous a refusé un dernier sens, plus péné-
trant et plus parfait, le sens de la substance, qui ne
nous instruirait pas seulement des attributs des
choses, mais nous révèlerait la connaissance intime
de leur être, leur essence même, ce qu'elles sont en

soi. Nous sommes absolument dénués sous ce rapport.

A quelque division extrême des corps que nous arrivions à l'aide de nos instruments de précision les plus délicats, nous ne saisissons toujours de la matière que des modalités, ses propriétés géométriques, physiques, chimiques, physiologiques ou, pour être plus exact, que la manière dont ces phénomènes affectent nos sens, que l'impression produite en nous par eux. Car, en somme, nous n'analysons des choses que nos propres sensations, et cela suffit à la science pour construire son œuvre dans le cadre où la nature a placé l'humanité. (1)

Mais ce qu'il y a derrière ces propriétés, l'être qu'elles recèlent sous leur manifestation, l'inconnu qui gît en elles ne nous livre pas son secret et l'atôme même, dût la science parvenir à l'isoler un jour, ne nous apprendrait rien de plus à cet égard que le corps entier lui-même.

Nous ne connaissons rien de notre propre substance. Nous ne saurons jamais ce qu'est la matière dont nous sommes formés. A plus forte raison est-il

(1) « Notre certitude ne porte que sur la phénoménalité ; « mais là, notre terrain est solide. Jamais une expérience « bien conduite ne nous a déçus. N'avoir jamais été déçus « par l'expérience est à la fois la garantie et la limite de la « certitude humaine. » LITTRÉ.

de toute impossibilité pour nous de pénétrer la substance de Dieu qui, s'il existe, est nécessairement différente de la nôtre, immatérielle, puisqu'elle ne se révèle à nous par aucun attribut sensible.

De la matière, nous savons, à n'en pas douter, qu'elle existe en raison des phénomènes dont nous sommes témoins. De Dieu, nous ne pouvons rien savoir, pas même s'il existe ou non. Malgré les prétendues preuves de son existence qui n'ont que la valeur illusoire de déductions de l'esprit, d'ailleurs contradictoires, échappant à toute vérification positive et qui n'ont servi qu'à démontrer une fois de plus l'impuissance de la métaphysique à rien établir de définitif, pas même le principe de sa propre doctrine, notre seule certitude de ce côté est de n'en avoir jamais.

Le dernier mot de la question de Dieu, c'est le doute, le doute absolu, irréductible, en d'autres termes, le néant.

Et cette question de Dieu est si radicalement stérile que, si même nous pouvions acquérir la certitude de son existence, nous n'en serions pas plus avancés pour cela, puisque rien ne saurait nous donner une idée quelconque de ce que pourrait être cette essence incommunicable. Or, un être qu'il est impossible de se figurer, même mentalement, est pour nous comme s'il n'existait pas; il s'évanouit aussitôt dans les limbes de l'ontologie pure. (1)

Aussi, cette question de Dieu n'aurait jamais existé par elle-même pour les hommes si à cette entité vide ne se superposait un élément concret qui

---

(1) Je laisse de côté, bien entendu, les attributs *classiques* au moyen desquels la théologie et la métaphysique prétendent définir Dieu, mais qui ne sont qu'un essai de détermination factice, de pures qualifications verbales qui n'éveillent aucun sens précis dans l'esprit.

Il est très aisé à l'homme de se rendre compte (il n'a pour cela qu'à se considérer lui-même) de ce qu'est un être fini, contingent, issu par génération d'autres êtres de même espèce, limité dans le temps et dans l'espace, etc.; mais il lui est absolument impossible de comprendre ce que serait un être infini, absolu, immatériel, incréé, présent partout sans être nulle part, sans commencement ni fin, toutes choses inconcevables et inexplicables pour la raison humaine et qui sont seulement du ressort de la foi, c'est-à-dire de la croyance délibérée à l'absurde. *Credo quia absurdum.*

D'après la Genèse, Dieu a créé l'homme à son image, ce qui ne signifie rien, puisque Dieu n'a ni forme ni figure et nous est au surplus parfaitement inconnu. Suivant la spirirituelle réplique de Voltaire, l'homme le lui a bien rendu, ce qui se rapproche un peu plus de la vérité sans l'être encore toutefois. La vérité, c'est que l'homme a fait Dieu à son contraire. Les attributs de Dieu ne sont que l'inverse des attributs les plus saillants de l'homme, c'est-à-dire de simples antithèses, des négations.

Quant à l'inconséquence qui porte l'homme à s'attacher à une formule idéale et vaine avec une foi aussi ardente qu'à la vérité même, à faire d'une création de son cerveau l'idée maîtresse de tout son être et à y assujettir aveuglément sa raison, ses sentiments et sa volonté, elle a son explication

la réalise en quelque sorte en l'objectivant, un attribut qui la met en communication avec l'humanité.
Cet attribut, c'est la Providence ou l'intervention
divine ici-bas.

La Providence, voilà la raison d'être de Dieu ;
Dieu tient là tout entier et hors de là Dieu n'est
plus.

La Providence est la forme plastique qui donne
de la consistance à l'idée de Dieu.

Le dogme de la Providence est la conception fondamentale de la théocratie. C'est tout à la fois son
principe et l'instrument de sa puissance. C'est la
base même de la religion qui n'est en soi qu'un
échange imaginaire de services entre le ciel et la

naturelle dans deux faits primordiaux inhérents à la constitution humaine. L'humanité, à aucun degré de son développement, ne peut se passer d'une conception quelconque du
monde qui l'environne, d'où la nécessité pour elle de se rattacher à une doctrine générale, à une notion d'ensemble,
vraie ou fausse, qui établit une convergence d'idées et de sentiments entre les hommes et sert de pivot à la vie sociale et
à la conduite individuelle. D'autre part, en vertu d'une loi fatale, inéluctable, l'humanité est condamnée à épuiser les diverses formes de l'erreur avant de s'élever à la vérité définitive et elle a dû parcourir ainsi le cycle entier des systèmes
théologiques et métaphysiques avant de parvenir à la période de positivité scientifique, tout récemment inaugurée,
qui est le terme supérieur de cette évolution.

terre. Supprimez la Providence, tout s'écroule du
même coup, Dieu qui n'a plus d'objet, l'Eglise et la
religion privées de leur support essentiel. C'est que
ce trait d'union entre Dieu et l'humanité, qui s'appelle la Providence, n'est en réalité que la personni-
fication de l'Eglise elle-même, intermédiaire officiel
entre le monde réel et le monde supposé d'en haut.
C'est que Dieu n'est que le prête-nom du sacerdoce
qui le supplée ici-bas. C'est qu'en un mot la Providence c'est le clergé lui-même. Ce n'est pas le clergé
qui est le représentant de Dieu sur la terre ; c'est
Dieu qui est le représentant du clergé au ciel

Aussi le clergé lui-même fait-il assez bon marché
au fond de cet être impersonnel, de cette abstraction
du vide infini qui a nom Dieu. Il sait bien que ce
n'est pas avec cet idéologisme vague qu'il aurait
pu asseoir sa domination sur les âmes ni organiser
une religion durable. La foule ne va pas aux
abstractions ni aux quintessences. Il faut une autre
prise sur les masses à endoctriner et à façonner à
l'obéissance, quelque chose de net, de tangible et
d'impératif sur les consciences.

Parlez aux masses populaires, aux intelligences
frustes, d'une pure essence incréée, invisible, éternelle, cause et fin de tout, pourvue de tous les attributs que l'imagination peut concevoir et même d'un
certain nombre d'autres par dessus le marché,

mais étrangère au monde qui est son œuvre, sans relation avec les hommes dont l'infini la sépare, confondue en quelque sorte avec l'immensité qu'elle emplit de sa majesté immobile et de ses perfections sans emploi et, comme les dieux léthargiques de Lucrèce et d'Epicure, ayant pour fonction suprême de jouir d'un repos sans mélange au sein de son immortalité bienheureuse

necesse est
Immortali œvo summa cum pace fruatur,

le peuple ne comprendra pas ou demeurera indifférent. Cet idéal métaphysique le laissera froid et il se lassera bien vite de l'adoration mystique qu'on voudrait lui imposer pour cette idole lointaine, ce *noumène* inaccessible à sa raison comme à ses sens.

Mais représentez-lui cet être comme une volonté toute puissante et sans cesse agissante ici-bas, témoin vigilant des actes et jusque des pensées les plus secrètes des mortels, arbitre souverain de la destinée de chacun, non seulement en ce monde, où il dispose à son gré de notre vie et de nos biens, mais encore après la mort dans une éternité de joies ou de souffrances qu'on lui fait entrevoir par delà. Frappez son imagination, maîtrisez son cerveau sous la pression de cette pensée suprême que l'éducation première, la prédication, les cérémonies du culte, les rites religieux imposés à tous les actes de sa vie depuis sa naissance jusqu'à sa mort, rendront sans cesse présente à sa mémoire et à son cœur. Voilà une image saisissante qui envahit l'esprit et s'y grave, et, en même temps, une force qui prend l'homme de partout, s'empare de tout son être, le dessaisit de lui-même pour le livrer inconscient et passif à la puissance fatale qui l'étreint et l'écrase sous le poids de sa personnalité mystérieuse.

Persuadez-lui en même temps que vous êtes le ministre choisi par cet être tout puissant pour distribuer ses faveurs et dispenser sa colère, que vous possédez le secret de le fléchir et d'incliner sa volonté par une intercession opportune et suivant des pratiques appropriées, que vous êtes l'agent visible de la force occulte qui décide de notre bonheur en ce monde et l'écho du verbe qui sauve dans l'autre. Alors vous résumez en vous le plus haut pouvoir qui existe ici bas, la possession des âmes. Vous disposez du levier qui soulève le monde. Vous réalisez à la lettre la promesse faite dans la légende biblique de l'Eden par l'Esprit tentateur à nos premiers parents : — *Erilis sicut dei.* — Vous incarnez en vous la divinité dont vous absorbez la fonction. C'est la réduction en son expression humaine et pratique du mythe eucharistique : l'homme fait dieu sous le symbole du dieu fait homme.

Au fond le clergé ne tient qu'à la Providence qui lui donne le gouvernement des âmes et le moyen d'agir sur le mobile le plus puissant de la nature humaine, l'intérêt vrai ou suggéré à la crédulité aveugle.

Voilà pourquoi l'Eglise, malgré des divergences essentielles dans le dogme et des querelles de doctrine plus ou moins acerbes, vit à tout prendre en assez bonne intelligence avec l'école spiritualiste, pourquoi la métaphysique et la religion font au fond meilleur ménage ensemble qu'elles n'en ont l'air. C'est que le véritable ennemi n'est pas là. Si le Dieu des théistes n'est pas tout à fait le Dieu orthodoxe et si la formule diffère quelque peu, les théistes reconnaissent formellement la Providence et pour le clergé tout est là. La Providence est la pierre angulaire du dogme parce que c'est Dieu dédoublé au profit du clergé.

Qui admet la Providence, au fond, est pour lui et avec lui.

L'ennemi est ailleurs. L'ennemi, c'est la science, qui supprime toutes les entités de la scolastique subjective, la Providence comme le reste; la science, qui a pour mission de briser le moule des conceptions du vieux monde intellectuel et moral et de re

constituer la mentalité humaine sur des bases nouvelles.

De ce duel engagé entre le surnaturalisme et la
science l'issue n'est pas douteuse et l'on peut dès
maintenant entrevoir avec certitude l'époque où la
raison humaine ne pourra plus accepter d'autre
guide de sa croyance que la doctrine du réel, où
l'autorité de la vérité positive s'imposera aux intelligences avec une nécessité d'évidence aussi impé-
rieuse qu'aura été dans le passé l'ascendant des
dogmes de la spéculation transcendante et de la foi
à la révélation.

Dans cet ordre d'idées, l'avènement définitif de la
laïcité en France comme doctrine fondamentale du
gouvernement, comme assise sur laquelle tend à
se constituer inébranlablement la société moderne,
est un fait d'une importance majeure. C'est le signe
caractéristique d'une évolution décisive dans les
principes directeurs du développement social, d'un
changement de gravitation et d'orientation de la
mentalité collective.

C'est ce qui explique l'acharnement avec lequel il
a été combattu par la coalition de toutes les réactions, théologique, métaphysique et politique, li-
guées dans l'intérêt commun de la défense du passé.

L'avènement définitif de la laïcité n'aura pas seulement comme résultat d'instituer pour les généra-

tions à venir une base morale supérieure en substituant aux fictions de la théologie et de la métaphysique l'enseignement de la *vérité*, principe et condition essentiels désormais de toute moralité. Mais il
marque en outre le point précis où, la métaphysique
ayant accompli son office dissolvant, purement né-
gatif, à l'égard de la théologie dont elle ne fait plus
désormais que perpétuer le principe sous une
forme amoindrie, l'esprit moderne, suffisamment
émancipé de l'une et de l'autre, commence à devenir
mûr pour s'engager dans des voies nouvelles et
pour consacrer toute son activité à la reconstruc-
tion du monde laïque sur les bases du savoir positif,
seul en mesure désormais de lui en fournir les matériaux.

La métaphysique « *le roman de l'esprit* » et la
théologie ne sont l'une et l'autre que des anthropo-
lâtries déguisées, des généralisations d'idées et de
faits empruntés à un fonds purement humain et dont
l'homme, sous les divers symboles, est exclusivement le point de convergence et la synthèse. Il serait aisé de démontrer que, dans tous les systèmes
théologiques et métaphysiques, Dieu, au fond, n'est
que le pseudonyme inconscient de l'homme divinisé.
. C'est qu'en effet l'esprit humain, malgré sa faculté d'idéalisation, est incapable de rien imaginer

en dehors des éléments propres de sa connaissance puisés dans l'observation des phénomènes naturels du monde organique et inorganique qu'il combine seulement et dont il intervertit arbitrairement l'application et les données.

La théologie n'est que la philosophie ambiante mysticisée à une période embryonnaire du développement de la mentalité humaine et imposée comme conception définitive, à titre de dogme immuable, à toute la série des temps à venir. Grâce à cette origine, elle contient une part de vérité dénaturée qui suffit à rendre son acceptation possible par la crédulité humaine pendant une durée plus ou moins longue qui dépend du progrès des acquisitions ultérieures du savoir scientifique.

Le dogme du péché originel et de la déchéance consécutive n'est qu'une transposition arbitraire des fatalités cosmo-physiques qui enserrent l'homme ainsi que des fatalités héréditaires physiologiques et morales constatées par l'observation empirique et vérifiées depuis par la science.

Le libre-arbitre mitigé par la grâce est un essai mystique de conciliation du double aspect de l'ordre universel à la fois immuable et modifiable, immuable dans ses conditions fondamentales, modifiable dans ses dispositions secondaires, aussi bien pour les phénomènes moraux et sociaux que

pour les phénomènes physiques, tel que le reconnaît la science, seule en mesure de démontrer en quoi ces phénomènes sont immuables,
en quoi ils sont modifiables, et de tracer par
cela même la limite réelle existant entre la fatalité
et la liberté; de même que le fatalisme oriental, dis-
posant à l'époque de sa formation d'une somme
moindre de notions objectives que le christianisme
issu d'une élaboration plus complexe par sa filiation
avec la philosophie alexandrine, n'est qu'une interprétation moins compréhensive des mêmes conditions de l'ordre universel dont il n'a su discerner
qu'une seule face, le côté immuable, en excluant
toute la catégorie des phénomènes relatifs sur les-
quels a prise la volonté humaine dirigée par le savoir progressif.

I.'innéité est une généralisation artificielle de la
loi d'atavisme physiologique dont un aperçu est for-
mulé dans cette maxime courante : « l'enfant de
l'ignorant est obligé d'apprendre où l'enfant du sa-
vant ne fait que se souvenir. » C'est le principe de
la transmission à l'individu de certaines aptitudes
et dispositions natives dérivées de ses ascendants
et de même de la fixation dans la race d'un certain
type moral et d'une accommodation héréditaire à un
fonds d'idées et de sentiments communs ; c'est ce
principe, vrai en soi comme cas particuliers et di-

vergents, uniformisé et étendu pour une catégorie
d'idées et de croyances fixes à toute l'espèce humaine indistinctement ou à l'être humain abstrait,
etc.

La caractéristique de la théologie et de la métaphysique est de soustraire l'homme de sa place naturelle dépendante dans l'ordre universel en faisant
de lui le pivot et le but suprême de l'ensemble des
choses par une erreur anthropocentrique de même
nature que celle qui avait fait considérer notre planète comme le centre de l'univers et, dans notre
planète même, par chaque peuple son propre pays
comme le point central de la circonférence du
globe, Delphes « le nombril de la terre », la Chine
« l'Empire du Milieu », la Birmanie « l'axe du
monde », etc.

Toutes deux sont une cristallisation du relatif en
absolu par métabolisme subjectif. Seulement la métaphysique contient une part moindre d'absolu en
ce que, à la place des dogmes théologiques impéra-
tifs imposés comme vérité indiscutable à la foi, elle
ne prétend plus obtenir l'adhésion à ses doctrines
que de la raison seule. Cette intervention d'un élément critique l'aide à ruiner la croyance à la révélation théologique, ce qui constitue sa fonction
propre, sans lui permettre d'autre part d'édifier
aucune conception durable à sa place ; car la raison,

témoin infidèle et instrument fautif, dénuée de tout moyen de vérification exacte de ses propres conclusions et limitée par sa méthode (méthode introspective ou à priori) à un champ très restreint de la connaissance; est incapable de formuler autre chose qu'une conception fragmentaire et hypothétique de l'univers dissimulée sous une généralisation artificielle.

Sous ce double point de vue, la métaphysique a été une transition indispensable entre la théologie et le savoir positif en ce que elle a servi à déblayer le terrain des concepts théologiques et que, en démontrant subsidiairement sa propre impuissance à les remplacer, elle fait prévaloir définitivement dans les intelligences la conversion à la méthode à posteriori ou méthode scientifique, la seule qui, en offrant à l'esprit la preuve de la certitude appuyée sur la vérification expérimentale, soit apte à édifier sur des bases réelles la véritable conception de l'univers.

. L'incompatibilité fondamentale entre les anciennes croyances et l'esprit nouveau d'investigation, entre l'autorité de la tradition immobile et les affirmations indépendantes du savoir émancipé, avait commencé à se révéler nettement dès les premières découvertes qui ont préludé à la science moderne et elle n'a cessé de s'accentuer parallèlement à son développement.

Depuis deux siècles et demi environ que la lutte est engagée et que le dogmatisme religieux est aux prises avec la science, le théologisme n'a cessé de battre en retraite, refoulé lentement par une poussée irrésistible, sans pouvoir reprendre aucune des positions successivement perdues par lui. Car le propre de la science, qui est l'élaboration méthodique du vrai, est de ne reculer jamais et chacun de ses pas en avant marque une conquête définitive.

Le théologisme autrefois régnait en maître sur toutes les branches du savoir considéré comme sa sphère propre et il occupait toutes les avenues de la connaissance. Il personnifiait l'omniscience aussi bien que l'omnipotence morale. Sa compétence était exclusive, indiscutée, dans la presque totalité des questions de ce monde. Il réglait l'astronomie, la géographie, l'histoire, la médecine, le droit aussi bien que la théodicée, que la morale et que le culte. Il était consulté sur tout ; il avait la spécialité de tout et son autorité s'étendait à tout.

Il barrait la route du Nouveau-Monde au génie de Christophe-Colomb avec des citations des Ecritures Saintes et des Pères de l'Eglise. Sur la foi de Lactance et de Saint-Augustin, il condamnait la théorie des antipodes et de la forme sphérique de la terre et retardait de huit années (1484-1492) la grande découverte qui devait inaugurer les temps modernes.

Il traduisait Galilée au tribunal de l'Inquisition et se faisait le champion du vieux dogme qui intervertissait l'ordre de la nature en faisant de la terre le centre de l'univers et du soleil son satellite. Mais, malgré la rétractation officielle imposée par ses juges, le blasphème biblique de Galilée devenait la vérité scientifique de l'avenir et ce grand évènement, en déplaçant l'axe du monde, déplaçait du même coup l'axe des croyances humaines qui toutes invariablement reposaient sur ce sophisme de la subordination de l'univers à notre globe et à l'homme roi de la création.

Il interdisait la dissection du cadavre comme une profanation du sanctuaire de l'âme et un attentat au dogme de la résurrection et le précurseur de la physiologie, André Vésale, était obligé de se cacher pour étudier la structure du corps humain et inaugurer les premiers travaux d'anatomie.

Partout le théologisme se dressait devant la science pour lui interdire de pénétrer les secrets de la nature et prétendait confisquer sa mission en se proclamant le seul dépositaire de la vérité en vertu de l'investiture sacrée qu'il tenait du dogme providentiel.

Mais, en dépit de ce véto caduc, la science marchait d'un pas assuré vers son but, l'intégration du savoir positif, agrandissant chaque jour le champ de la connaissance.

A la fin du XVIII° siècle, le terrain dont la science est maîtresse est déjà immense et le théologisme en pleine déroute.

Ce n'est pas seulement la géographie qui lui échappe avec Colomb, l'astronomie avec Galilée et Newton. Ce n'est plus seulement sur des points spéciaux, sur telle ou telle question particulière que son infaillibilité est mise en défaut, qu'il est pris en flagrant délit d'empirisme grossier, d'ignorance des notions élémentaires de la réalité.

Avec la constitution de la physique et de la chimie, c'est tout l'ensemble des sciences naturelles, soustrait à son contrôle, dont il est exclu, dépossédé en bloc et pour jamais. C'est tout le domaine du monde physique qui s'organise et s'harmonise en dehors de lui, sur le plan déterminé par la science, au moyen des méthodes qui lui sont propres, et où il n'y a plus de place désormais pour les explications surnaturelles ni pour l'intervention providentielle.

Et devant cette prise de possession, ces démentis cruels infligés à l'orthodoxie, devant ce pouvoir nouveau qui le détrône et prend sa place, le clergé n'essaie même pas de prolonger une résistance inutile, de contester plus longtemps les droits de la science, de récuser ses preuves, de maintenir l'inviolabilité de ses textes sacrés. Non ; il sent que la lutte serait trop inégale, que la partie est définitivement perdue de ce côté. L'autorité du fait démontré, de la vérification expérimentale, défie la contradiction et confond les négations les plus obstinées.

Il y a plus ; lui-même est entraîné, gagné, comme l'universalité des intelligences, par l'ascendant de la vérité qui le subjugue, qui s'impose à sa raison et à sa volonté.

Par son silence, par son adhésion tacite aux doctrines de la science, par son acceptation de son enseignement et de ses méthodes qu'il lui emprunte pour lui-même, il fait l'aveu de sa propre incompétence, il s'incline devant une autorité plus haute que la sienne, il reconnaît implicitement la supériorité de la science laïque sur la science théologique, du savoir profane sur le savoir révélé.

C'est une capitulation en règle, une abdication formelle.

Le clergé essaie bien de déguiser autant qu'il peut sa défaite en maintenant dans ses généralités théoriques la foi aux miracles et la subordination de l'ensemble des choses créées à la volonté providentielle. Il s'efforce de faire la part de la science sans amoindrir la Providence et d'opérer une sorte de transaction amiable entre le principe moderne qui s'affirme irrésistiblement et le sien qui décline.

Mais il a beau faire. La conciliation qu'il tente est désormais impossible et son dogme essentiel est déjà frappé au cœur.

Le principe cardinal sur lequel est fondée la science, l'irréductibilité et l'immutabilité des lois de la nature, est la négation directe de la Providence puisqu'il supprime la place de Dieu sur la terre.

Si Dieu, à la prière de Josué, avait arrêté le cours du soleil (exactement la rotation de la terre autour de son axe), non pas même un jour entier, comme le suppose le texte biblique, mais seulement un dixième de seconde, cet imperceptible dérangement dans l'équilibre des relations de notre système solaire y aurait produit avec le temps une perturbation dont la portée et les effets dépassent l'approximation.

S'il dépendait réellement d'une puissance supérieure d'intervertir à son gré les lois qui gouvernent le monde, la science ne serait jamais née ou elle cesserait d'exister à l'instant même. Elle n'aurait plus qu'à démolir ses observatoires, ses instituts, à fermer ses laboratoires et ses cliniques, à déserter ses calculs, ses expériences et ses recherches qui ne seraient plus qu'un vain simulacre, une œuvre contradictoire et sans but, puisque la science repose tout entière sur la certitude de l'ordre constant de la nature et des rapports invariables des phénomènes et qu'un seul fait d'ordre surnaturel, authentiquement constaté, suffirait pour infirmer toutes ses conclusions, pour rendre caduc l'héritage accumulé de ses travaux et de ses découvertes.

Avec la Providence, plus de science; avec la science, plus de Providence; le dilemme se pose avec une rigueur inexorable.

Le théologisme était obligé, sous peine de mort, d'étouffer la science à son berceau ou de la nier ensuite jusqu'au bout. C'est ce qu'il a essayé de faire le plus longtemps qu'il a pu. En se résignant à l'admettre, même partiellement, ne fût-ce que dans les limites des sciences naturelles qui ne touchent pas encore directement aux hautes questions de la métaphysique spéculative, le théologisme, logiquement, consommait sa ruine. Il ratifiait déjà, dans ce cadre restreint, la déchéance de la Providence et la sienne propre qui y est étroitement liée, en attendant qu'elles fussent décrétées définitivement l'une et l'autre par le développement prochain des sciences supérieures dans le domaine entier de la relativité où se meut l'intelligence humaine.

Evincé des régions moyennes des sciences élémentaires, le théologisme s'était replié sur les hauts
sommets des sciences hypérorganiques où l'idéolo-
gie spiritualiste a de tout temps établi son quartier
général et qu'elle considère comme son fief intellectuel, la psychologie, la morale, la politique, l'histoire, l'interprétation des évènements humains et
des faits sociaux.

Cantonnée dans ces hautes spécialités comme
dans une forteresse inexpugnable, elle continuait à
dicter de là ses oracles, convaincue que l'étude des
phénomènes de cet ordre demeurerait éternellement
inaccessible aux méthodes bornées de l'investigation
scientifique qui serait impuissante à venir la déloger
jusque-là.

Mais la science allait être bientôt mûre pour
aborder résolument les problèmes les plus élevés de
la mentalité humaine et pour achever de constituer
dans ses grandes lignes la synthèse de la connaissance positive en dehors de laquelle il n'y a rien.

Déjà en possession par la constitution des quatre
sciences antécédentes, la mathématique, l'astronomie, la physique et la chimie, de tout le domaine
des sciences inorganiques, elle avait éliminé définitivement l'entité providentielle du monde physique.

Il lui restait à l'éliminer également du monde
physiologique, moral et social par la constitution

des deux dernières sciences, organique et hypérorganique, la biologie et la sciologie.

C'était la tâche assignée au XIX° siècle.

Cette œuvre, esquissée dans ses traits essentiels, peut se résumer comme il suit.

La Physiologie générale fondée par Bichat, complétée par Claude Bernard et classée dans la série des sciences sous sa terminologie définitive de *Biologie* ou science des organismes vivants, qui embrasse les deux règnes végétal et animal, expliquait la vie comme un phénomène naturel, produit de l'activité élémentaire du tissu cellulaire caractérisée par le double mouvement intérieur d'assimilation et de désassimilation auquel s'ajoutent chez l'animal pour la vie de relation la sensibililité et la motricité (1). La vie dans ses conditions essentielles était ramenée à un groupe de propriétés simples de la matière organisée au même titre que l'affinité, l'électricité, le calorique, la gravitation sont des propriétés irréductibles de la matière brute.

Par là se trouvait écartée définitivement la théorie de l'*Immanénce*, qui, sous les noms divers d'*esprits*

(1) *Vegetalia crescunt et vivunt. Animalia crescunt, vivunt, sentiunt et movent.*

vitaux, d'*archée*, d'*animisme*, de *vitalisme*, figurait la fonction vitale comme l'attribut propre d'une substance ou d'un principe immatériel, *âme, fluide* ou *force*, distinct du corps quoique résidant habituellement en lui, et réduisait le corps et les appareils des sens à n'être plus que le siége des manifestations de la vie et non leur organe générateur.

Par l'anatomie comparée, l'homme était rattaché à la série animale dont il n'est que le *terminus* ascendant. Il reprenait sa place exacte dans la nature, subordonnée au milieu cosmique ainsi que toutes les autres espèces vivantes, et cessait de se considérer comme la raison d'être de l'ensemble des choses et le but final de l'univers alors qu'il n'est presque en réalité que comme une quantité négligeable au regard de l'ordre souverain universel (1).

La loi du *Déterminisme* physiologique fixait les deux grands principes de l'*Identité des phénomènes* physico-chimiques dans toute la série organique et inorganique et de l'*Unité des méthodes d'investiga-*

(1) « Le monde n'a pas été fait pour les êtres vivants.
« Leur condition sur le globe n'est qu'une permission pré-
« caire limitée de tous côtés par les lois supérieures de la
« matière. Les êtres vivants existent conformément au
« monde. Cela change du tout au tout la situation. »
LITTRÉ.

tion qui s'ensuit pour l'étude de l'être vivant aussi bien que des corps bruts ; et, par la spécification de la *dépendance nécessaire* de l'organe et de la fonction (pas de fonction sans organe, pas d'organe sans fonction), faisait rentrer directement dans le cadre de la phénomalité objective les produits de l'activité fonctionnelle du cerveau comme ceux des autres organes.

Cette synthèse méthodique et sa conclusion expérimentale invalidaient la prétention dogmatique de la *Psychologie* à former un corps de doctrine à part, une science autonome en dehors et au-dessus de toutes les autres. Elles lui assignaient désormais sa place exacte dans la classification des sciences par l'intégration dans le compartiment supérieur de la Biologie, sous le nom de *Psycho-Physiologie*, de l'étude des phénomènes intellectuels et moraux, considérés comme des manifestations ordinaires de la vie et soustraits au caprice des spéculations théologico-spiritualistes (1).

(1) « Il n'y a aucune différence scientifique dans tous les
« phénomènes de la nature, si ce n'est la complexité ou la
« délicatesse des conditions de leur manifestation qui les
« rendent plus ou moins difficiles à distinguer et à préciser.
   « Tels sont les principes qui doivent nous diriger.
   « Aussi concluons-nous sans hésiter que la dualité établie
« par l'école vitaliste dans les sciences des corps bruts et
« des corps vivants est absolument contraire à la science

La conception géniale d'Auguste Comte achevait de clore cette systématisation positive du savoir.

D'une part, le fondateur de la *Philosophie des Sciences* posait une fois pour toutes les limites infranchissables de la connaissance par sa coordination ascendante dans la série encyclopédique des six sciences générales et des sciences spéciales correspondantes, qui embrasse et résume du double point de vue abstrait et concret l'ensemble continu du savoir humain et rejetait ainsi dans la catégorie des hypothèses invérifiables et des propositions stériles tous les concepts idéaux sur l'existence du monde surnaturel.

D'autre part, la constitution de la *Sociologie* sur la base scientifique complétait la révolution opérée par la Biologie dans le domaine psychique.

« elle-même. L'unité règne dans tout son domaine. Les
« sciences des corps bruts et celles des corps vivants ont
« pour base les mêmes principes et pour moyens d'études
« les mêmes méthodes d'investigation.....

« Les phénomènes de l'intelligence considérés au point de
« vue physiologique ne sont que des phénomènes ordinaires
« de la vie et ne peuvent être que le résultat de l'organe
« qui les exprime. Il faut donc renoncer à l'opinion que le
« cerveau forme une exception dans l'organisme, qu'il est le
« substratum de l'intelligence et non son organe. Cette idée
« n'est pas seulement une conception surannée ; c'est de plus
« une conception antiscientifique.....

« La physiologie nous montre que, sauf la différence et la
« complexité plus grande des phénomènes, le cerveau est

La démonstration de la constance des lois observée également dans les phénomènes politiques, économiques et sociaux achevait de fournir la certitude que tous les phénomènes de la nature, sans exception, les plus complexes comme les plus simples, sociaux, moraux, intellectuels et vitaux aussi bien qu'inorganiques et physiques, rentrent dans le domaine de la connaissance positive et doivent dès lors être étudiés par les seules méthodes scientifiques.

Toutes les entités étaient frappées de discrédit l'une après l'autre par les acquisitions consécutives de la science.

La connexité des lois et l'enchaînement régulier de tous les phénomènes de l'univers tendaient à substituer à l'idée de causalité absolue ou principe divin la notion de la relation nécessaire du conséquent à son antécédent, la seule qui nous soit fournie par l'observation rigoureuse des faits.

La prétendue nécessité de Dieu « *qu'il faudrait* « *inventer s'il n'existait pas* » n'est nullement inhé-

---

« l'organe de l'intelligence au même titre que le cœur est
« l'organe de la circulation, le larynx l'organe de la voix.
    « Nous découvrons partout une liaison nécessaire entre
« les organes et leurs fonctions. C'est là un principe général
« auquel aucun organe du corps ne saurait se soustraire. »
        CLAUDE BERNARD, *La Science expérimentale*.

rente à la constitution organique des choses ; c'est le produit d'un pur processus psychique, une illusion de notre faculté d'abstraire.

Dans la succession ininterrompue des phénomènes que présente la nature, l'esprit, par besoin de simplification, isole certains faits plus généraux et plus saillants auxquels par un rapport constant de dépendance se rattache l'explication de groupes entiers de phénomènes moindres subséquents.

Ces *antécédents nécessaires*, ainsi séparés de leurs propres antécédents et conséquents immédiats, deviennent pour nous des *causes*.

Nous perdons de vue que ces causes ne sont elles-mêmes que des effets par rapport à d'autres causes qui les précèdent directement, et ainsi de suite. La propriété permanente qu'ils ont d'engendrer une série d'effets fait que nous finissons par leur attribuer une *force* particulière, un pouvoir propre de produire des conséquences (1).

C'est un procédé mental analogue qui nous induit, pour la commodité du langage scientifique, à désigner sous les noms génériques de *forces, fluides*, etc., les propriétés dynamiques des corps ou les diverses manifestations de la matière en activité et à prendre ensuite, par une confusion trop

(1) De Roberty, *Le passé de la philosophie*.

fréquente chez les savants eux-mêmes, ces spécifi-
cations purement conventionnelles et imaginaires
pour des agents réels, des principes distincts des
corps, de véritables essences ayant une existence
propre et agissant par elles-mêmes.

Puis, l'idée de *cause abstraite* une fois entrée
dans la substance de l'esprit, l'homme est con-
traint, par une association d'idées inévitable, à
chercher en dehors de la réalité, qui ne peut la lui
fournir, une *cause* plus générale, plus universelle,
dans laquelle il puisse faire rentrer toutes ces
causes secondaires éparses qu'il a ainsi dissociées,
de la trame continue de la relativité, — et Dieu devient le principe nominal qui satisfait à cette nécessité factice.

Dieu n'est ainsi que l'abstraction dernière d'une
série d'abstractions qui ne sont toutes au même
degré que des artifices logiques de l'esprit.

Une autre fiction de notre faculté logique et
l'une des formes de la révélation, l'*innéité*, grâce à
laquelle nous étions censés posséder en germe, dès
notre naissance, toutes les notions supérieures de
l'idéalité pure, comme un dépôt sacré confié à la
substance immatérielle de notre être, était mise à
néant par un examen un peu attentif du développement intellectuel chez l'enfant, que la philosophie

spiritualiste, dédaigneuse des méthodes d'observation pratique, avait négligé de faire.

Dans ses deux mémoires lus à l'Académie des
sciences quelques semaines avant sa mort, qui sont
restés son testament scientifique et l'un des prin-
cipaux documents sur la genèse de nos facultés
pendant la période infantile, Broussais démontrait
que ce que nous appelons la conscience et qui n'est
en fait que le résidu accumulé de la spéculation de
chacun de nous tant sur les phénomènes extérieurs
que sur les impressions intimes de son être inter-
prétés au moyen des facultés relatives dont il dispose, la conscience, fait intellectuel, variable d'individu à individu, de peuple à peuple, suivant l'âge
et les époques, et nullement identique en soi, n'est
pas née avec l'enfant ; elle se forme de la même
manière que les éléments de la substance organisée par une élaboration régulière dont il est aisé de
suivre la progression et de déterminer les apports
étrangers.

Il ne peut pas exister de conscience sans le sen-
timent de la personnalité, qui est nécessairement
la première notion abstraite chez le sujet pensant,
puisque c'est la révélation de l'être à lui-même. Eh
bien ! la conscience du moi n'existe pas au début
chez l'enfant. Elle n'y est ni virtuelle ni latente,
mais radicalement absente. La personnalité, ce

substratum de l'être moral et intellectuel, s'acquiert par les relations extérieures des sens au moyen de la comparaison avec les autres êtres qui nous entourent et de la différenciation de notre propre existence qui en résulte.

Les mères, les nourrices, les bonnes d'enfants, d'instinct, sont meilleurs philosophes à cet égard que les profonds penseurs de l'école spiritualiste. Elles ne disent jamais à l'enfant : *Tu*, mais Paul a fait ceci, Georges est méchant, sachant bien que l'éducation de la personnalité est à faire chez l'enfant comme l'apprentissage de la marche, qu'il se perçoit d'abord par l'extérieur comme il perçoit tout le reste, et que sa désignation par un nom particulier, comme ceux qu'il entend donner à chacune des personnes qui l'approchent, est la seule manière pour lui de se distinguer d'autrui et d'apprendre à se connaître lui-même.

Lui non plus, dès qu'il commence à parler, ne dit pas : *Je*, mais Pierre veut ceci, Charles a faim. Il y aurait hypothèse insupportable à présumer qu'il *se ment à lui-même*, à lui supposer des notions qu'il n'exprime pas.

Si la notion de Dieu n'existe pas chez l'enfant à l'état d'idée innée, elle n'est pas davantage *universelle*, ce qui ne pourrait non plus manquer d'être si elle faisait partie intégrante de la conscience humaine.

D'abord la notion de Dieu, au sens théologique et spiritualiste, c'est-à-dire de l'être en soi, distinct comme essence du monde sensible, n'est pas originelle sur la terre; car le fétichisme qui adressait son culte aux êtres souvent les plus infimes de l'animalité et même à des objets inanimés qu'à des phénomènes naturels, et le polythéisme qui avait pour principe la pluralité des dieux et les figurait sous des formes et avec des attributs tout humains, avaient nécessairement une conception de la divinité qui n'a aucune identification possible avec le Dieu unique et pur esprit des théistes.

Confrontée avec l'immense période qui correspond à la série des temps antérieurs à notre ère, l'idée de Dieu est donc une idée relativement toute moderne.

Inconnue à l'antiquité païenne, le judaïsme excepté, elle est de plus actuellement encore en minorité sur le globe.

Indépendamment du groupe toujours infiniment nombreux des peuplades qui continuent à être adonnées aux pratiques grossières des superstitions primitives et du parti toujours grossissant de la libre-pensée ralliée aux doctrines anti-théistes, l'idée de Dieu est étrangère à toutes les civilisations de l'Extrême-Orient dont le système intellectuel peut être caractérisé par l'*athéisme*.

Le brahmanisme hindou, religion polythéiste mythologique, a, il est vrai, des dieux, mais ne connaît pas *Dieu*. Son principe n'a aucune équivalence avec la transcendance idéale, la spiritualité mystique du monothéisme chrétien et judœo-arabe.

Son rival, le bouddhisme, aujourd'hui exclu de l'Inde, mais encore florissant à Ceylan, au Thibet et dans une notable partie de l'Asie orientale, n'a plus de dieu du tout. Il ne procède d'aucune révélation. C'est une religion moraliste sans attache surnaturelle.

Enfin, l'idée de Dieu, en tant que notion autochthone, est absolument ignorée de la race jaune qui occupe l'aire géographique la plus étendue du globe, qui représente comme nombre le tiers environ de l'humanité et qui a la civilisation la plus ancienne connue.

Le Chinois n'a aucun mot dans sa langue monosyllabique pour exprimer Dieu. Les missionnaires ont toujours été obligés de se servir de périphrases pour le désigner dans leurs prédications ; et, par une connexion naturelle, la notion métaphysique de l'âme est également absente de la mentalité chinoise qui ne conçoit pas l'esprit comme distinct de la matière.

C'est ce que révélaient un contact plus intime avec le Haut-Orient et la divulgation de la doctrine de Confucius, cette religion tout humaine et toute pratique, d'où le surnaturalisme est banni, qui n'a pour dogme essentiel que le culte de l'humanité et qui est calquée si exactement sur les besoins et le caractère de cette société *laïque* et *civile* par excellence, qu'après vingt-quatre siècles, tout, dans les institutions, les idées et les mœurs là-bas, porte l'empreinte ineffaçable de son enseignement.

L'abîme que la philosophie cartésienne, par nécessité logique de sa conception spiritualiste, avait creusé entre l'animalité à tous ses degrés et l'homme se nivelait avec les progrès de la zoologie.

Une étude plus approfondie des faits mettait à néant le sophisme de Malebranche et sa théorie de l'automatisme des bêtes.

Elle démontrait qu'il y a une psychologie rudimentaire des animaux supérieurs, qu'ils possèdent comme nous les quatre facultés propres au raisonnement et considérées par l'école comme l'attribut essentiel et exclusif de l'âme, l'attention, la mémoire, la réflexion et le jugement qui met en jeu la volonté et détermine l'action; que ces facultés sont exactement de même ordre que les nôtres et qu'il n'y a entre l'intelligence des animaux supérieurs et nous que des différences de *quantité*, non de *qualité*, de degré, non d'essence.

La dernière démarcation qu'on essayait de maintenir en refusant aux animaux la notion supérieure des devoirs et la perfectibilité ne résistait pas davantage à l'examen.

Les animaux les plus proches de nous, tout au moins, connaissent des devoirs; ceux que nous leur enseignons, et les pratiquent, bien qu'ils contraignent leurs instincts les plus impérieux, quelquefois mieux que beaucoup de nos semblables. Ils ont la sensibilité aussi bien que l'intelligence et leur contact avec nous développe chez certains d'entre eux des manifestations de sentiments affectifs et de dévouement qui ne le cèdent en rien à ceux de l'humanité.

La perfectibilité enfin n'étant pas autre chose que la transmission héréditaire et la fixation dans la race des aptitudes et des acquisitions intellectuelles et morales qu'engendre et qu'agrandit le développement progressif de la civilisation, plusieurs races d'animaux nous offrent des cas de perfectibilité parfaitement définie en perpétuant elles aussi des qualités qu'a fixées chez elles la domestication.

Il suffit, pour s'en convaincre, de citer l'exemple des chiens de chasse et des chiens de berger que la nature n'avait pas formés à rapporter le gibier ni à

garder les moutons et dont l'office spécial ne pourrait être suppléé par des chiens de race différente.
- — *Bon chien de chasse chasse de race,* — dit le
proverbe.

Seulement la perfectibilité animale est limitée à un
petit nombre de types et de fonctions spéciales. Elle
est étroite, tandis que la perfectibilité humaine est
multiple et indéfinie : différence d'intensité, non de
nature. Il en est de même de nos devoirs ; ils sont
infiniment plus complexes que ceux des animaux,
voilà tout.

L'analyse expérimentale de la volonté, à la place
du libre-arbitre ou liberté indéfinie, ne reconnais-
sait partout dans les mobiles des actes humains
qu'un déterminisme moral équivalent au déterminisme des phénomènes physiques, que l'effet d'impulsions dont l'action est irrésistible en ce sens que
dans le conflit des motifs, au moment de la décision,
c'est le motif le plus fort qui l'emporte.

Tel est le déterminisme originel, celui que la nature a établi.

Mais ce déterminisme peut se perfectionner et,
tout en restant identique, devenir mobile et progressif grâce à l'influence de divers facteurs qui
tendent à diminuer le nombre et la force des impulsions malsaines, des excitations au mal, et à aug-

menter la somme et la prépondérance des motifs sains, et au premier rang desquels se place l'éducation, l'instrument le plus puissant de la propagande pour le bien.

La liberté n'est donc pas égale ni uniforme chez tous les hommes et elle n'est pas non plus une prérogative de naissance. Elle s'acquiert et se développe comme nos autres facultés et s'agrandit avec la conscience mieux définie des lois intimes de notre être et de nos moyens d'agir. Elle est le prix d'un travail réfléchi et d'un effort persévérant sur soi-même. L'accroître et en fortifier l'exercice chez le plus grand nombre fait partie des buts sociaux les plus élevés.

L'homme le plus éclairé est aussi le plus libre parce qu'il a le plus grand nombre de motifs à sa disposition. L'homme placé au plus bas de l'échelle des êtres est le moins libre parce qu'il a le moins de motifs, c'est-à-dire le moins de moyens de se soustraire à la toute-puissance d'un motif unique (1),

La morale ou la détermination du bien, que la théologie faisait descendre du ciel sur la terre et qu'elle représentait comme une émanation de la sagesse éternelle, une loi de l'harmonie préétablie im-

(1) Littré, *Origine de l'idée de justice.*

primée en caractères ineffaçables dans la conscience par Dieu législateur suprême et aussi suprême
juge, retrouvait, sans remonter si haut et sans sortir de nous-mêmes, ses origines toutes naturelles et
tout humaines au plus profond de notre être physiologique, dans la trame même de la substance organisée.

Le principe du bien et du mal était rattaché par
une filiation directe à deux besoins primordiaux
inhérents à la constitution de l'être vivant, le besoin
de conservation de l'individu et le besoin de repro-
duction de l'espèce, la nutrition et la sexualité,
transformés par la fonction propre du cerveau en
incitations psychiques sous forme de sentiments
égoïstes et de sentiments sympathiques ou altruis-
tes. L'avancement de la moralité consiste dans la
subordination progressive des premiers aux se-
conds.

Par cette double racine organique la morale était
reliée à l'ensemble des faits naturels qui tombent
sous l'application des méthodes scientifiques.

La spécialisation des conditions de production et
du développement historique de la moralité démontrait que, non seulement la morale dans son essence est indépendante de la théologie qui n'a fait
qu'exprimer en leur attribuant une origine et une
sanction divines, des règles de devoirs, des prin-

cipes empruntés au fonds commun de l'humanité et issus de l'élaboration organique des relations de la vie familiale et de l'évolution sociale, auxquels elle donnait simplement leur valeur d'application universelle par la convergence des idées qu'elle établissait dans les consciences et que seule elle était capable de produire à ce moment (1); mais encore, que la moralité à un degré supérieur se dégage absolument des doctrines théologiques et spiritualistes avec lesquelles elle entre en contradiction, et qu'elle ne doit plus désormais son perfectionnement qu'à l'intervention d'un élément nouveau, le développement du savoir positif (2).

Cette notion capitale se dégage avec une autorité irrécusable de la comparaison de l'état moral des sociétés aux divers âges de l'histoire et de ce fait que la moralité n'a commencé à prendre réellement toute sa valeur et à donner des fruits supérieurs

(1) Cette fonction d'universalité que les diverses religions ont suppléée provisoirement et partiellement dans le cadre de leurs départements respectifs, la science seule est apte à y satisfaire intégralement et à l'étendre à l'humanité tout entière sans distinction. Car la vérité positive est la même partout, et la conviction scientifique ou la *foi démontrable* possède une autorité supérieure aux croyances religieuses destinées à s'absorber toutes irrésistiblement dans l'assentiment involontaire au vrai qui est une des forces fatales du progrès.

(2) Wyrouboff, *Considérations sur la morale.*

dans l'humanité qu'à une époque toute moderne, chez les nations les plus élevées dans l'ordre intellectuel et à mesure précisément qu'elles entraient avec la science dans les voies de la positivité.

De ce point de vue rationnel de l'association étroite du progrès de la moralité au progrès de la science naît dans l'esprit un rapprochement dont la conclusion, pour être inattendue, n'en est pas moins impérative: c'est que le perfectionnement des méthodes expérimentales, la généralisation de nos informations sur l'ordre naturel des choses ont été des faits plus importants au point de vue de l'éthique que les manifestations les plus élevées du principe religieux ou spiritualiste; c'est que la découverte du Nouveau-Monde et des grandes lois astronomiques, la constitution des sciences physique, chimique et physiologique ont exercé sur notre moralité contemporaine une influence plus féconde et plus directe que la promulgation du Décalogue et même que la prédication de l'Evangile.

Les civilisations les plus brillantes de l'antiquité, l'Egypte, l'Assyrie, la Perse, Rome même et la Grèce, ont eu une moralité inférieure, peu en rapport avec le rang qu'elles ont occupé dans l'humanité, avec le renom qui leur a survécu dans l'histoire.

Toutes étaient fondées sur l'esclavage qui avait le double caractère d'une institution à la fois politique et religieuse et qui faisait partie des conditions fondamentales d'organisation des sociétés antiques. Le mépris de la vie humaine y était considéré comme une vertu, la pitié comme une faiblesse, l'individu impitoyablement sacrifié au despotisme sans frein ou à la raison d'Etat.

Et cependant, ces civilisations de l'Orient ont laissé des monuments grandioses de leur puissance créatrice, des témoignages impérissables de la hauteur de leur pensée religieuse.

Les Grecs étaient de merveilleux artistes, de profonds philosophes ; les Romains des jurisconsultes éminents, de puissants administrateurs, des politiques consommés.

C'est qu'il leur a manqué les notions objectives qui ont conduit depuis à la détermination d'une meilleure organisation des sociétés, à une appréciation plus équitable de la condition individuelle et des rapports collectifs, au principe de la solidarité humaine.

Les maximes les plus élevées du christianisme ont été impuissantes à supprimer les iniquités profondes, les inégalités monstrueuses, l'oppression des faibles, les exactions impitoyables, l'exaltation de l'orgueil brutal contraires à la morale sociale; à

rendre à l'homme, dont il faisait pourtant la créa
ture de Dieu, ses droits naturels.

Les pires traditions du moyen-âge, le servage, la
torture, la corvée, les supplices atroces, ont duré
en France jusqu'aux approches de la Révolution ou
jusqu'à la Révolution même (1).

C'est que les impulsions sentimentales, quelque
élevées qu'elles soient, quand elle ne prennent pas
leur point d'appui dans une idée-mère, dans une
doctrine intellectuelle d'une hauteur correspon-
dante, n'exercent en réalité sur la conduite particulière et sur les mobiles généraux de la vie sociale

(1) Il existait encore en France, en 1789, 1.500.000 personnes mainmortables et mortaillables, appartenant en partie à des communautés religieuses.

Les enseignements mêmes du christianisme primitif ne
contenaient aucune condamnation expresse de l'esclavage,
ce qui tenait au type militant régnant alors sans partage et
qui s'impose au Christ même dans ce précepte de soumission
à la force autoritaire assimilée à la souveraineté divine,
même sous sa forme la plus odieuse et la plus inique, la
conquête, l'asservissement à l'étranger : « Rendez à César
ce qui est à César et à Dieu ce qui est à Dieu. » C'est la
théorie de la sujétion passive au temporel comme au spiri-
tuel, qui est bien le principe cardinal de l'Eglise et qui résume toute sa doctrine politique et sociale.

Le Christianisme, à l'apogée de son influence morale, n'a
pas empêché la reconstitution, par la traite des noirs, de
l'esclavage moderne qui n'a définitivement disparu que depuis une vingtaine d'années de nos sociétés civilisées.

qu'une action relativement assez faible, intermit-
tente, sujette à des réactions multiples, subordonnée aisément aux influences des intérêts qu'elles
froissent, des conditions de milieu avec lesquelles
elles sont plus ou moins en contradiction et qu'elles
demeurent impuissantes à transformer radicalement.

C'est l'idée seule, en définitive, qui engendre le
fait permanent, la loi fixe des mœurs. Ce sont les
idées générales seules qui sont capables de produire
des applications générales aussi, de contraindre
l'esprit à les accepter et à y conformer sa volonté,
de fournir les moyens de les réaliser. Une base
morale stable doit procéder nécessairement d'une
conception stable des choses. Voilà pourquoi les
bases définitives de la moralité ne pourront procéder que de la systématisation définitive du vrai,
c'est-à-dire de la science.

Aussi, à mesure que l'exploration scientifique
abordait des problèmes plus complexes et commen-
çait à pénétrer dans les régions supérieures de la
connaissance, l'influence dn savoir positif sur la
moralité générale s'accusait avec précision et pro-
duisait des résultats décisifs. Ce que n'avaient pu
faire la charité chrétienne et la foi, le savoir acquis,
l'expérience accumulée, vérifiée, allait le produire.

Où le dogme divin avait échoué, la science humaine allait prévaloir.

C'est l'étude des maladies qui a inspiré l'horreur des traitements barbares infligés jadis aux possédés, aux fous, aux sorciers. C'est la médecine qui a dissipé les préjugés inhumains sur la folie considérée pendant des siècles comme un crime et comme la conséquence d'une faute. C'est l'examen rationnel des faits sociaux qui a conduit à la Déclaration des droits de l'homme (1).

Enfin, l'une des plus importantes acquisitions morales de l'humanité, la tolérance, vertu toute moderne et exclusivement laïque, excommuniée par le Syllabus, et qui, suivant la forte expression de Littré, met la morale laïque si fort au-dessus de la morale théologique, est née du grand mouvement d'investigation scientifique du XVIIIᵉ siècle.

La tolérance, en effet, a son principe intellectuel dans la substitution du relatif à l'absolu, c'est-à-dire du point de vue scientifique au point de vue théologique et métaphysique.

_____

(1) « Les promesses qu'avait faites le Christianisme, la Révolution les a tenues. » MICHELET.

C'est la Révolution qui a rétabli dans la loi les droits de la femme, sacrifiés par des préjugés séculaires, et qui a cassé l'arrêt inique de la force contre la faiblesse. L'abolition du droit d'aînesse a transformé la famille en même temps que

Que de forces intellectuelles dépensées dans les directions sans issue où s'est égarée depuis des milliers d'années la pensée humaine sous l'empire de cette hallucination du faux qui s'appelle la subjectivité pure! que de hautes facultés absorbées au service de cette illusion tenace qui consiste à faire du principe de la spiritualité le moule de la réalité sensible et de l'âme humaine le miroir conscient des choses, à vouloir faire tenir le monde dans le sujet et la philosophie universelle dans la philosophie de l'esprit !

Que de temps perdu à essayer de forcer les limites de l'intelligible et à condenser l'imaginaire, à extraire la racine de l'absolu et à combiner la synthèse de l'infini !

Que de systèmes profonds, que d'idéalisations puissantes qui, depuis Platon jusqu'à Hégel, du Nirvanâ hindou au pessimisme de Schopenhauer et à la Philosophie de l'Inconscient qui serait mieux intitulée l'Inconscience de la philosophie, vont s'écroulant l'un après l'autre sans avoir réalisé au profit de l'esprit humain l'acquisition définitive d'une seule vérité et en ne laissant derrière eux que le senti-

la propriété et, par l'admission de la femme au partage éga des biens, posé le principe moderne de l'égalité des sexes fondée sur l'équivalence de la coopération dans la diversité des fonctions.

ment pénible du contraste entre l'immensité de l'effort et le néant du résultat !

Ne soyons pas injustes toutefois ni exclusifs dans la critique du passé. Tout, dans ce contresens intellectuel où s'est consumée la meilleure part de l'activité humaine, n'a pas été sans profit pour nous. La métaphysique a eu son utilité, qui a été d'habituer l'esprit à s'intéresser aux questions générales, aux spéculations synthétiques, de développer chez l'humanité, par une gymnastique prolongée, la faculté maîtresse de l'abstraction.

C'est l'abstraction qui nous donne la clef des choses en nous permettant d'en dégager les principes supérieurs, d'en grouper la vue d'ensemble. C'est la fonction la plus haute de l'esprit et l'agent par excellence de la connaissance. Il y a deux sortes d'abstractions : l'abstraction pure, indépendante de l'observation et de l'expérience ou n'empruntant d'elles qu'un faible secours illusoire et empirique, et prétendant tirer de son propre fonds l'explication générale des choses et la conception du monde rattachées à des causes universelles, absolues, éternelles, que l'esprit seul peut saisir en dehors de toute réalité contingente. C'est l'abstraction théologique et métaphysique, celle de la révélation et des universaux.

L'autre se maintient strictement dans les limites

de la connaissance vérifiable et ne cherche pas à franchir les bornes du monde réel ; elle spécule sur les matériaux fournis par l'étude méthodique des faits et se refuse à demander à une autre source l'interprétation rationnelle de ce qui existe. C'est l'abstraction scientifique ou positive. C'est la seule légitime et la seule féconde.

Il n'y a pas de réduction possible de l'une à l'autre. Elles s'excluent doctrinalement et absolument, et la dernière est destinée à remplacer définitivement les deux autres par voie d'élimination progressive.

Si nous avions pu échapper à la fatalité de notre théologisme initial ou tout au moins en abréger la durée et arriver quelques siècles plus tôt à la positivité où nous aboutissons seulement aujourd'hui, le progrès aurait été bien simplifié et l'avancement de l'humanité serait incalculable.

Elle serait vraisemblablement en plein épanouissement de la civilisation relative la plus haute qu'il nous est permis de concevoir, en plein essor de ses facultés intégrales et convergentes, dans cette période féconde de maturité active et d'application pratique dirigée par des méthodes supérieures, que la loi du progrès nous fait entrevoir avec certitude, mais pour un avenir malheureusement encore plus ou moins éloigné de nous.

La religiosité, le principe déiste, a été le grand *remora* de l'humanité occidentale (1).

Le Chinois a été préservé de nos chimères théologiques par la structure de son esprit tourné exclusivement vers les notions concrètes, le côté objectif des choses, les résultats pratiques, et dont la portée ne dépasse pas l'horizon du monde visible.

Plus de cinq cents ans avant notre ère, la Chine était déjà en possession d'une plateforme mentale équivalente, sinon en puissance active au moins comme substratum intellectuel, à celle vers laquelle nous nous acheminons de nos jours. Confucius dé-

(1) Au début de l'évolution sociale, l'esprit humain s'est trouvé en face d'une haute difficulté : car, si toute vraie théorie repose nécessairement sur des faits observés, il est également certain que toute observation, pour être suivie, exige une théorie quelconque. Notre intelligence ne pouvait donc trouver d'issue à cette situation contradictoire qu'en employant une méthode purement subjective, en tirant du cerveau de l'homme lui-même ou du sujet observateur les moyens de lier entre eux les renseignements que le monde ne pouvait fournir qu'après une très longue étude, de coordonner et de systématiser l'accumulation progressive des connaissances. D'où la nécessité des synthèses fictives provisoires théologico-métaphysiques pour fournir le principe des explications auxquelles on pût les rattacher.

Mais cette philosophie initiale purement conjecturale ins-

clarait déjà inutiles à ses contemporains les considérations sur les principes des choses : il interdisait
la recherche du *pourquoi* et prescrivait de se limiter
à la recherche du *comment*.

Par une concordance logique, la race jaune s'est
trouvée de bonne heure pourvue d'une civilisation,
d'une morale, de découvertes et de procédés indus-
triels en avance sur les autres nations du globe et
qui correspondaient précisément à cette positivité
précoce dont elle bénéficiait.

Mais cette supériorité purement statique et pro-
visoire dissimulait mal le vice originel profond, l'in-
firmité constitutionnelle de la mentalité chinoise,
l'absence des hautes facultés spéculatives et géné-
ralisatrices. Les Chinois n'ont pu féconder leur
conception vraie des choses parce qu'il leur a manqué le grand moteur organique de l'activité créatrice
et évolutive, le don de la pensée abstraite. L'esprit
chinois, comme l'art chinois, ignore la perspective.
Ne poursuivant que l'utilité immédiate, ils ont été

tituait entre la spéculation et la réalité, entre la théorie et
la pratique, un antagonisme latent qui, graduellement ac-
centué par la réaction croissante de l'activité ou des résultats
acquis sur l'intelligence, s'est prolongé pendant toute la période préparatoire immensément longue et ne peut se ter-
miner que dans l'état positif. — Auguste Comte, *Catéchisme po-
sitiviste.* — Dr Robinet *Philosophie positive.*

incapables de constituer les sciences; et, d'autre part, leur pratique n'étant pas dirigée par la science n'a pu être renouvelée. Aussi cette civilisation, déjà caduque dès sa naissance, n'a pas dépassé le niveau relatif qu'elle avait atteint presque du premier coup et elle est restée engourdie depuis dans une immobilité séculaire.

Nous avons subi un retard prolongé dans nos moyens de civilisation pour avoir suivi une fausse piste intellectuelle, la voie mauvaise de l'abstraction irrationnelle. Le Chinois, mûr bien avant nous pour la phase positive, s'est arrêté court dans son développement ethnique pour n'avoir su abstraire ni scientifiquement ni métaphysiquement, pour n'avoir pas eu d'abstraction du tout.

Éclairés par l'expérience, possédant les éléments intimes de rénovation dont d'autres races sont dépourvues, il dépend de nous, par une réforme judicieuse de nous-mêmes, de préparer les voies fécondes de l'avenir, d'inaugurer définitivement la série des temps meilleurs.

Il est temps de débarrasser notre esprit des produits aberrants du passé, de redresser notre mentalité déviée par les fausses méthodes et les doctrines stériles. Il est temps de renoncer à la philosophie de l'empirisme pour nous rallier à la philosophie de la certitude, de laisser la poursuite imaginaire de

l'absolu surnaturel pour nous en tenir au seul absolu qui existe et que nous puissions saisir, à l'absolu scientifique qui est le réel vérifié.

Abstraire positivement doit être désormais, dans
les hautes questions de l'entendement, notre seul
procédé logique, notre seule manière de raisonner.

Quant à la prétendue impossibilité pour la conscience humaine de renier sa foi séculaire, de se sé-
parer de croyances qui font partie de la substance
de notre être moral, elle est purement théorique et
sentimentale et ne résiste pas plus à l'examen que
les revendications de suprématie ou d'indépendance
de la métaphysique spiritualiste à l'égard de la
science, que le reproche adressé à la positivité
scientifique de méconnaître ou de rabaisser le rôle
supérieur et les droits imprescriptibles de la
raison.

Un double exemple, emprunté au même fait historique et qu'on pourrait multiplier, achèvera de
dissiper ces derniers sophismes.

Il n'y a pas de raisonnement mieux déduit, d'af-
firmation plus solide que celle qui faisait tourner
le soleil autour de la terre immobile. La preuve,
c'est que cette croyance a été universelle chez l'humanité pendant des milliers d'années, ce qui im-
plique une nécessité logique de se représenter les
choses ainsi. En effet, appuyée sur une observation

empirique des phénomènes célestes qui lui prêtait toutes les apparences de la certitude, elle satisfaisait pleinement la tendance spontanée de notre intelligence à former l'hypothèse la plus simple compatible avec l'ensemble des renseignements qu'elle possède. Cependant cette conclusion si légitime de l'esprit, cette conviction unanime de la conscience humaine a été réformée par l'expérience et la réalité a été reconnue être justement le contraire de ce qu'avait décidé la raison universelle.

Toutes les conceptions idéalistes qui nous sont si chères et dont une longue habitude de la subjectivité a fait pour nous comme une seconde nature sont dans le même cas. Toutes aussi ne reposent que sur l'appui fragile de l'évidence logique, sur les suggestions mobiles de la raison intuitive (1).

Nous avons quelque peine aujourd'hui à nous

(1) L'art musical, qui ne dispose avec les notes de la gamme que d'un nombre de sons extrêmement limité, arrive à produire des combinaisons mélodiques et harmoniques dont la variété paraît inépuisable.

La partie du cerveau qui est le siège des localisations intellectuelles et affectives se compose anatomiquement de 600 millions environ de cellules reliées par plusieurs milliards de fibres nerveuses et douées d'une sensibilité qui leur permet d'entrer en activité de proche en proche par une réaction moléculaire automatique analogue à la propagation de la vi-

figurer le trouble profond, les angoisses cruelles
suscitées dans les âmes, il y a bientôt trois siècles,
par la découverte de Galilée et dont un écho loin-
tain est parvenu jusqu'à nous.

Ce défi à l'orthodoxie biblique, ce premier germe
de doute sur l'infaillibilité divine avaient rompu
brusquement l'équilibre des consciences et il s'était
produit comme un écroulement subit dans le fond de
l'âme humaine. Il semblait qu'une base morale ve-
nait de lui être soustraite et qu'elle chancelait dans
le vide.

Déjà aussi alors à nos pères il avait paru impossible de se plier à la vérité nouvelle, à ce changement de front de la croyance traditionnelle, et
d'accepter le monde tel qu'il est.

Cette impossibilité factice s'est retournée depuis
et ce qui est devenu impossible pour nous mainte-

bration initiale sur les cordes de la table d'harmonie. C'est
le phénomène de l'association des idées.

On conçoit à quel prodigieux entrecroisement d'idées se
prolongeant dans tous les sens, à quelles innombrables
variations peut se prêter ce gigantesque clavier de la pensée
humaine. Mais cette richesse même est un piège et la multi-
plicité de nos moyens nous fait illusion sur leur valeur propre.
Cette puissance, si elle n'est pas sévèrement réglée, devient
une faiblesse et un défaut. Il ne s'agit pas de raisonner à
perte de vue ni même de raisonner logiquement ; ce qu'il
faut, c'est raisonner juste.

nant, ce serait de répudier la science pour revenir au dogme aboli.

Il en sera de même un jour de l'ensemble de nos croyances théologiques et métaphysiques. Nos arrière-neveux se feront difficilement à l'idée de l'intérêt persistant que nous aurons pu prendre à ces spéculations creuses qui leur apparaîtront à leur tour comme des superstitions d'un autre âge.

———

En résumé, la Providence est morte et bien morte.

La science l'a tuée dans son principe en substituant à la conception théorique dispersive de la causalité occulte et de l'indéterminisme des phénomènes la notion synthétique positive de l'ordre invariable de l'univers.

Partout ici-bas, dans toute la série des phénomènes à la portée de l'intelligence humaine, du monde organique comme du monde inorganique, de l'ordre social, intellectuel et moral aussi bien que de l'ordre physiologique, physique et cosmique, la science n'a trouvé que la constance de lois irréductibles, que des rapports étroits de dépendance, que l'enchaînement indissoluble de causes et d'effets immédiats, qui ne sont que la condition même de production des phénomènes, et qui excluent toute exception, tout arbitraire, tous cas fortuit et inconditionné, l'accident comme l'intervention surnaturelle, la Providence comme le hasard.

Maintenant, derrière ces lois fixes de la nature mettez Dieu ou ne mettez rien du tout, c'est exactement la même chose.

Du moment que Dieu est exclu de ce monde et y est remplacé par des lois, il n'est plus qu'une quantité négligeable, une superfétation, le zéro de l'infini, et la preuve de son existence nous devient indifférente.

La question de Dieu a existé tant que la théologie et la métaphysique ont été les inspiratrices souveraines de la pensée humaine qui ne pouvait pas avoir d'autre guide. Dieu alors était son seul credo nécessaire, son seul postulat moral et intellectuel possible, le principe et la fin de tout. Mais, depuis l'avènement de la science qui a éliminé les causes premières et les causes finales en y substituant la notion de loi permanente, la question de Dieu a cessé d'être parce que la conception du monde a changé et que de théologique et métaphysique elle est devenue scientifique et positive.

En supprimant la Providence, la science a du même coup supprimé Dieu ou l'a réduit à une simple hypothèse invérifiable et sans intérêt pour nous, ce qui est tout un.

La véritable providence de l'homme, c'est la science. Le seul artisan de son bonheur, le seul maî tre de son sort, c'est lui-même. Par le pouvoir qu'il a reçu de modifier et de diriger à son profit l'application des lois universelles dans des limites déterminées et dans une mesure d'autant plus large qu'il en connaît mieux les principes et les effets, la nature a placé l'homme à une égale distance de la fatalité aveugle et de la liberté indéfinie. Plus il sait, plus il est libre parce que plus il peut.

Dieu et la science sont deux antinomies qui s'excluent et dont l'une grandit précisément de tout ce dont l'autre décroît. Un aphorisme célèbre prétendait que cet antagonisme n'est qu'apparent et s'efforçait d'opérer ainsi la conciliation : « Un peu de science éloigne de Dieu, beaucoup de science y ramène. » Rien de plus faux que cette maxime et le démenti qu'y opposent les faits est flagrant. Depuis que la science moderne a commencé à se constituer, sa marche en avant va de pair avec l'affaiblissement continu de la foi et chaque progrès de la science correspond à une diminution de Dieu. La loi est constante et le divorce aujourd'hui est complet. Dieu était tout autrefois ; que doit-il être un jour? rien. Qu'était la science autrefois? rien ; que doit-elle devenir? tout.

« Place à Tout, je suis Pan; Jupiter ! à genoux. »

Extinctis diis deoque successit Humanitas.

Paris — Imp. Lobert et Person, 259, boule·. Voltaire.

www.ingramcontent.com/pod-product-compliance
Lightning Source LLC
LaVergne TN
LVHW022024080426
835513LV00009B/869